I0707278